Como...Crear los Productos de Mejor Venta, en un Instante!

Como...Crear los Productos De Mejor Venta En Un Instante

I0505442

Por:

Xela Inca

Escritor y Traductor Profesional

Como...Crear los Productos de Mejor Venta, en un Instante!

Como...Crear los Productos de Mejor Venta, en un Instante!

Indice

Como...CREAR Los Productos De Mejor Venta, Instantáneamente .... Pagina 04

Es Mas Fácil De Lo Que Usted Piensa.... Pagina 05

Una Alternativa Más Fácil Aun................ Pagina 08

Como Crear Productos En Tan Solo Unas Horas!.. Pagina 09

Grabe sus Propias Sugerencias y Consejos. .... Pagina 12

Obtenga Derechos de Publicacion Privados (Private Label Rights). .... Pagina 16

Aplicación de Vídeo o Presentaciones de Camtasia. .... Pagina 17

Estudios de Encuestas. .... Pagina 19

Encontrando Ideas Ganadoras para un Libro Electronico. .... Pagina 23

Estableciendo su Personalidad Unica! .... Pagina 26

El Proceso. .... Pagina 33

El esquema de contenido y de planificación. .... Pagina 35

Haga que su Producto sea Mejor que lo que ya Hay! .... Pagina 37

Como...Crear los Productos de Mejor Venta, en un Instante!

Como...CREAR Los Productos De Mejor Venta,

Instantáneamente

Gracias por invertir en este poderoso producto. Asegúrese de poner atencion ya que en unos momentos usted estará leyendo acerca de muchas asombrosas maneras e ideas de cómo hacer dinero.

Asi que, asegúrese de mantener su mente abierta y escuche lo que lee, para no perder nada importante.

Podría entrar en detalles más profundos en todas las áreas que cubriremos, pero presiento que su tiempo es valioso, asi que cubriremos lo más importante acerca de las formas, maneras e ideas y dejaremos las pomposidades para otro día.

Le prometo que para la hora de que usted deje de escuchar y de leer, tendrá en su cabeza por lo menos una idea que le podría producir una entrada de seis figures y la cual podrá explotar para hacer que el dinero llegue a su Cuenta bancaria! Deseo que esto le exija tanto como a mí, asi que, prosigamos.......

Como...Crear los Productos de Mejor Venta, en un Instante!

Es Mas Fácil De Lo Que Usted Piensa...

La mayoría de las personas son Nuevas en el conocimiento del Internet, y aun aquellos que han estado usándolo por algún tiempo, tienen la creencia de que no podrían crear su propio Libro Electrónico (E-Book) o CD's Videos, etc. Porque no pueden esribir.

Hay tambien muchos de los "llamados Gurus" que le hacen creer que el Escribir es más difícil de lo que realmente es.

Lo que me gustaría enseñarle y decirle es que usted SI PUEDE crear su propio Libro Electrónico y algunas otros productos. Y que lo pueden hacer muy rápidamente!

Aun si nunca ha escrito palabra algunas en su vida! (Si empieza en este círculo, lo más difícil para usted será el ser reconocido como un experto).

Pero el crear sus productos será mas fácil una vez aprenda y ponga en práctica las formas, maneras e ideas presentadas en este Libro Electrónico.

Como puede ver, solamente se trata de ponerlo todo en perspectiva. La primera vez que usted vio a alguien querer aprender a conducir una bicicleta, usted inmediatamente se dijo a si mismo/a, "Esto no es posible" o "Yo no podría hacer eso". Y, quizás usted este en lo correcto en algún grado. Usted no podría conducir una bicicleta aun, pero, esto no

Como...Crear los Productos de Mejor Venta, en un Instante!

quiere decir que usted "Nunca podría conducir una bicicleta".

Simplemente deberá de montarse en ella, caerse un par de veces y antes de que se dé Cuenta, usted se encontrara balanceando un pedazo de metal con dos ruedas! (llantas, gomas, etc.) Algo que le parecia imposible unos dias anteriores.

Es simplemente lo mismo el Escribir un Libro Electrónico, es mas; es aun mas fácil que el aprender a conducir una bicicleta.

El truco es realmente fácil, el empezar. Simplemente empiece a escribir y deje que sus pensamientos fluyan, no se preocupe de la ortografía o de la gramática o de la construcción y/o estructura de oraciones o del formato de las mismas.

Simplemente substraiga la información que esta dentro de usted. Lo podrá editar mas adelante, si edita mientras escribe, estará interrumpiendo el fluido de sus ideas.

Tambien puede hacer uso de una grabadora y simplemente grabar sus pensamientos libremente. Imagínese hablando con algún amigo/a y dándole algún consejo acerca de XXXX, (XXXX significa el sujeto del cual están hablando.) Cuando termine de hacerlo, lo podrá escribir en su computadora o pídale a alguien que lo transcriba por usted.

Como...Crear los Productos de Mejor Venta, en un Instante!

Lo que la mayoría de personas deberían de realizar, es que no tiene que ser un maestro en el lenguaje que utilice para Escribir un Libro Electrónico, simplemente escriba de la misma forma o manera como que si estuviera platicando con algún amigo/a.

Despues de hacer esto, pídale a alguien que se lo lea en voz alta, y ponga atencion para poder ver si hay algunas áreas que necesitan corrección o que se escuchen como confusas.

Y podría tambien pedirle a un estudiante que lo corrija por usted, si usted no se siente competente en hacerlo. (Personalmente, a mi me gusta mas leer un Libro Electrónico o de Imprenta en el que pareciese que el autor me esta hablando a mi directamente, parece ser mas "Interactivo") Que leer un libro electrónico que utiliza gramática perfecta, y una buena estructura pero que termina siendo más aburrido y menos atractivo.

Pero si aun siente que el Escribir un libro es demasiado trabajoso, divídalo en capítulos o secciones, y termínelos uno a uno.... Como que si estuviera escribiendo pequeños reportes. (Divida el libro en pequeños fragmentos y termínelo de esa forma o manera.)

Cualquiera puede Escribir un Libro Electrónico.

Como...Crear los Productos de Mejor Venta, en un Instante!

Una Alternativa Más Fácil Aun...

Por supuesto, si usted aun desea una forma o manera mas fácil para lograr escribirlo, contrate a alguien para que lo escriba por usted, podría visitar el sitio llamado "elance.com" para encontrar a un escritor fantasma.

Muchísimos de los grandes en el mercadeo están ofreciendo productos a diario utilizando esta estrategia. No tienen que escribir ni una palabra, y ni siquiera necesitan ser expertos en el sujeto! Esta es la forma o manera más fácil para entrar en este negocio y empezar a producir ganancias rápidamente!

Como...Crear los Productos de Mejor Venta, en un Instante!

Como Crear Productos En Tan Solo Unas Horas!

Crear Productos es tan fácil, todo lo que tiene que hacer es salirse de las limitaciones de la forma o manera "estándar" de crearlos.

En otras palabras, no necesita hacer todo el trabaja usted mismo/a, es mas; si usted tiene un poquito de ingenio y de creatividad, no tendrá que hacer nada del trabajo!

Ni siquiera necesita saber algo acerca del tema acerca del cual usted desea crear el producto.

Los consejos y estrategias que le son provistas abajo, definitivamente harán que su cerebro se dispare a tiempo extra.

Entreviste a un Experto:

La forma o manera más fácil y rápida de obtener las ideas para un producto de alta calidad es por medio de entrevistar a alguien que sea un experto/a en el tema del cual usted desea escribir.

Usted animara al/la experto/a por medio de recordarle que tanta publicidad gratis Él/Ella conseguirán por medio de la promoción de la entrevista.

Mientras más bien conocido/a es el experto/a, más publicidad obtendrá el producto anunciado y por ende mas serán las ganancias obtenidas.

Como...Crear los Productos de Mejor Venta, en un Instante!

Tambien podría usted entrevistar a varios expertos/as y luego compilar las entrevistas dentro de un solo producto, para poder cubrir diferentes ángulos, estrategias y expresiones de un mismo tema.

O, tambien podría escoger un tema general, dividirlo en varios segmentos y sub-segmentos y despues entrevistar a un experto en cada uno de los segmentos.

Por ejemplo:

Si esta creando un producto acerca de "Éxitos en los Negocios de Internet", podría entrevistar a un experto en creación de productos, otro experto escritor de copias (Copyright Writer) y aun a otro más que sea experto en estrategias de mercadeo, y asi sucesivamente.

.

Las entrevistas podrían incluir un set específico de preguntas, o simplemente una pregunta que requiere una respuesta detallada.

Tambien podría preguntarle a los expertos que ofrezcan un plan detallado o paso a paso que los lectores puedan seguir para lograr su meta, (Mientras mas fácil lo presente a sus lectores, la mayor cantidad que compraran sus productos.)

Hay varios formatos de los cuales usted podría escoger para conducir y mejorar las entrevistas, Podría simplemente enviar las preguntas por escrito vía correo electrónico (E-Mail), y publicar las

Como...Crear los Productos de Mejor Venta, en un Instante!

respuestas en un formato como el de un reporte o un libro electrónico (E-Book.)

Tambien podría escoger en citar al experto cara a cara y conducir asi la entrevista o tambien por teléfono y grabarla de esa forma o manera.

Si se decide por grabar la entrevista, entonces el paquete de su producto podría incluir el audio de dichas entrevistas juntamente con los transcriptos escritos, los precios de los productos tambien variarían dependiendo del formato que usted use y provea.

Bueno, usted tambien podría video grabar la entrevista y asi podría tambien incluir o vender las copias del video.

Como...Crear los Productos de Mejor Venta, en un Instante!

Grabe sus Propias Sugerencias y Consejos.

Si usted cree ser un experto en algún tema, podría pedirle a un amigo/a o compañeros/a que le haga preguntas específicas y que las grabe y/o video grabe y luego las transcriba.

Tambien podría llevar a cabo un tele-seminario (Ya sea gratis o pagado), grabarlo y luego volverlo un producto instantáneo, lo podría ofrecer como un archivo de audio que se puede obtener en forma digital, como un CD o simplemente como transcriptos escritos.

Una estrategia similar, se puede usar el seminarios en vivo, puede usted grabar el seminario, crear una grabación del mismo y/o las dos cosas.

Tambien podría fácilmente invitar a otros expertos a que participen del seminario y luego convertir este en un producto que podría vender a su clientela, de esta forma o manera, convertiría el seminario en un producto instantáneo.

Por supuesto, hoy en día; tambien se puede llevar a cabo una Conferencia (Webcast), o seminario por el internet, grabarlo y convertirlo en otro producto instantáneo

Transforme Contenido Existente en Productos.

Usted podría tambien fácilmente ponerse en contacto con varios expertos y pedirles que le envíen los

Como...Crear los Productos de Mejor Venta, en un Instante!

mejores artículos de cada uno en cierto tema, compaginarlos, reorganizarlos y convertirlos en un artículo suyo y/o aun en un libro electrónico.

Cada uno de los expertos podría incluir sus direcciones de pagina web al final del artículo que le envíen, de esta forma o manera, ellos estarían obteniendo publicidad gratis y usted podría esta vendiendo algo original y para el beneficio de muchos mas.

Usted tambien podría conseguir publicidad instantánea por medio de ofrecer a los expertos la oportunidad de que ellos le vendan su libro a sus clientes y de esta forma o manera obtener ganancias extras, podría usted tambien hacer lo mismo con las entrevista grabadas.

La misma idea puede ser usada para "Prestar/Re-Imprimir secciones de algún libro electrónico, audio, y/o aun videos existentes, póngase en contacto con el autor original y pídale permiso para reimprimir el contenido a cambio de publicidad gratis.

Si desea crear un producto acerca de Cartas de Venta, (Copywriting), podría ponerse en contacto con varios expertos en escritura de cartas de venta y pedirles que le submita algunas ejemplos de las cartas de venta que han escrito para alguno de sus productos, podría usted entonces compilar todas las cartas de venta submitidas como un mega-paquete de "Cartas de Venta que Trabajan", de esta forma o manera, usted tendría otro producto instantáneo mas!

Como...Crear los Productos de Mejor Venta, en un Instante!

Es mas, usted podría pedirles a estos escritores expertos, que quebraran sus cartas en secciones y que explicasen cada una de las secciones en detalle, explicando cada una de las técnicas que utilizaron para su creación, esta información adicional podría duplicar o triplicar el valor de su producto "Cartas de Venta que Trabajan".

Actualice/Re-publique Información Existente.

Encuentre un libro electrónico o un manual que sea por lo menos un año de Viejo, póngase en contacto con el autor original del mismo y pídale que actualice la información o que le otorgue el permiso para actualizar el contenido usted mismo.

Por ejemplo: Podría ponerse en contacto con un autor de un directorio de "Avisos Clasificados", y ofrézcase a actualizar el contenido del mismo para que incluya toda la nueva información acerca de lo nuevo en directorios desde su incepción.

Tambien podría ponerse en contacto con el autor original de un producto impreso y pedirle permiso para convertirlo en un producto de audio, CD o video...o vice versa.

Que tal el obtener un libro electrónico acerca de "Consejos Generales de Jardinería" y modificarlo a un "Jardín de Vegetales" para aquellos interesados en el mercado de jardinería de vegetales

Co-Creando un Producto.

Como...Crear los Productos de Mejor Venta, en un Instante!

Otra forma o manera de ahorrar tiempo es preguntándole a un experto que co-cree un producto con usted, si se trata de un producto informático, los dos podría escribirlo juntos y repartirse el trabajo, de esta forma o manera, el producto estaría listo en la mitad del tiempo.

Lo mismo puede llevarse a cabo si incluye a varios expertos/autores, no solamente aprenderá de la Experiencia de estos, se hará conocido/a mas rápidamente, pero tambien solamente tendría que hacer una parte del trabaja, quizás solamente un Capitulo por autor, si es un producto informativo.

Ayude a Terminar Proyectos Incompletos.

La mayoria de los creadores de productos con exito, especialmente aquellos acerca de informatica, tienen por lo menos un product aun no terminado, Usted podria ofrecerse a terminarlo por ellos, las ganancias y la publicidad del mismo puede ser compartida por ustedes dos.

Esto puede ser aplicado a: Libros Electronicos, Reportes, Manuales, Manuscritos, aun a productos de Programacion (software/scripts) y/o productos no-informaticos.

Como...Crear los Productos de Mejor Venta, en un Instante!

Obtenga Derechos de Publicacion Privados (Private Label Rights).

Podria tambien buscar a autores y escritoires que ofrecen "Derechos de Publicacion Privada" (private label Rights) para sus productos, o acérquese al autor y pídaselos.

Los "Derechos de Publicacion Privada" (Private label rights) le ofrecen a usted el derecho de inserter su nombre como el autor del product, usted no tiene que escribir absolutamente nada mas que su nombre como autor y su informacion de la red.

Usted podria pagar por estos derechos con dinero en efectivo, o por medio de intercambio o trueque usando sus propios productos y/o derechos de re-impresion.

Como...Crear los Productos de Mejor Venta, en un Instante!

Aplicación de Vídeo o Presentaciones de Camtasia.

Otra forma o manera super facil de crear un product de alto valor percibido es el de crear videos o presentaciones de computación acerca de 'Como Hacer Esto" o "Como Hacer Algo" simplemente por medio de auto-grabacion y/o la grabación de un experto, mientras trabaja en su proyecto.

Como ejemplo: Podria crear un producto de "Como Hacer Algo" que enseñe/utilice los diferentes pasos de como usar Microsoft Word, por medio de grabarse usted mismo usando Microsoft Word y explicando cada una de sus funciones.

La mayoria de las personas prefieren escuchar en vez de leer, y por ende , prefieren ver en ligar de escuchar, caso todos prefieren la forma mas fácil.

Creando un Paquete Usando Productos Existentes.

Platique con varios duenos de productos y pidales que donen su producto su projecto, a cambio de publicidad y una parte de las ganancias, Ya que usted tenga varios productos de diferentes dueños, empáquelos todos juntos y vendalos por un precio atractivo.

Tambien, deje que cada dueno o participante promueva sus sitios a sus propios clientes por una parte de las ganancias, esto no le costara nada y

Como...Crear los Productos de Mejor Venta, en un Instante!

puede obtener sus listas de clientes mucho mas rápido!

Informacion de Dominio Publico (Public Domain Information).

Esta es otra forma o manera y tambien otra fuente de informacion que esta siendo buscada hoy en dia, busque informacion publica y re-escribala, re-distribuyala, cabiele el titulo y/o re-empaquela.

Podria tambien buscar informacion info-comercial y/o productos que ya no se estan publicando y platique con los dueños/autores o casas publicitarias originales para poder utilizarla.

Como...Crear los Productos de Mejor Venta, en un Instante!

Estudios de Encuestas.

Pidale a varios expertos que ofrescan una encuesta y un consejo acerca de sum as reciente proyecto.

Por ejemplo, si usted esta escribiendo acerca de noticias de prensa, pidale a cada uno de los periodicos importantes de su area que le proporcionen una copia de sum as reciente noticia, pidales tambien que le expliquen porque/como/que han tenido éxito, Copile estas encuestas y publíquelas como una guía que usted pueda vender.

Listas de Comprobación o Listas de "Top 10".

Crear (o pidale a un experto que lo haga por usted) una simple lista de recursos que cualquiera pueda usar como una guía, por ejemplo; podría crear una guía para viajeros la cual indique a los viajeros que tienen todo lo que necesitan para su viaje antes de partir.

Tambien podria usar la misma idea para crear una lista de "los 10 mejores éxitos" acerca de cualquier sujeto, por ejemplo; "las 10 mejores formas o maneras de acrementar los ingresos de su pagina web."

Venda sus Ideas.

En lugar de crear los productos usted mismo, podria crear un reporte en el cual pueda poner un alista de todas sus ideas creativas, para que otros puedan

Como...Crear los Productos de Mejor Venta, en un Instante!

usarlas para crear sus propios productos. (Casi parecida a esta lista;-)

Podria tambien crear un sitio de membresia en el cual usted comparta una o varias de sus nuevas ideas por mes.

Celebre un Concurso.

Por ejemplo: Si a usted le gustaria escribir un libro electronico/reporte acerca de "como crear disenos de jardineria o de luces exteriors", podria celebrar un concurso y pedirle a varias personas que le ofrezcan sus mejores ideas/disenos y pedirles los derechos de reproduccion de las entradas al concurso. Entonces, compile todas las entradas y cree un libro electrónico o reporte.

Plantillas, Formularios, etc.

El crear planillas para que otros las usen, podria tambien compilar varias planillas para que sean usadas por otros y póngalas en un paquete creando asi un producto instantáneo, por ejemplo; si usted es undisenador grafico, podría crear planillas para libros electrónicos, para paginas web, para encabezados, etc.

Si usted es un escritor de planillas de presentacion de disenos de paginas web, podria ofrecer varias copias de planillas de presentacion de paginas web para que otros las puedan usar fácilmente para crear sus propias cartas de ventas. Podria hacer lo mismo con

Como...Crear los Productos de Mejor Venta, en un Instante!

las planillas, cartas y formularios que son usados comúnmente en los negocios.

Lista de Recursos.

Podria tambien muy facilmente, compilar una lista de recursos utiles acerca de ciertos sujetos y producir de ello un producto, por ejemplo: Una lista de sitios de propaganda gratis, sitios de submision de artículos, sitios de mantenimiento de paginas web gratis, arte críptico gratis, autorespondedores gratis, etc.

Directorios y Guias.

Podria tambien crear un directorio de sitios, recursos, programas o aun de negocios. Por ejemplo: podría crear una lista de todos los mejores reataurantes en su area, ciudad o vecindario y ofrecer algunas sijerencias e informacion acerca de cada uno de ellos, asi como algunas sujerencias acerca de los platillos favoritos de cada uno de ellos.

Capitalizando en Tendencias y Modas.

Aqui les ofrezco una idea que es una forma o manera facil de crear un producto caliente para la venta.....

Cuando la locura de la pelicula "El Senor de los Anillos" se estreno, las personas empezaron a crear un sin fin de productos relacionados con ello, aun aquellos que remotamente se relacionaban con la pelicula, y todos ellos fueron comprados por los fans!!!!!

Como...Crear los Productos de Mejor Venta, en un Instante!

Lo mismo paso con otras peliculas tales como: " De Lado" y la fiembre del "Vino" y de "Las Dietas Faciles" y aun de cualquier otra locura que ha salido a las masas por medio de las noticias del momento.

Que cosas nuevas estan pasando a su alrededor que podria incluir en su Nuevo producto?. Para ser honesto con ustedes, su producto no necesita ni siquiera ser un producto actual!!

Podria solamente compilar un monton de testimonios fuertes acerca de cualquier producto y pedirle a su creador que le permita usar su nombre y su testimonio, agréguele sus enlaces de afiliado y pase el documento a sus listas.

Permita que otros lo distribuyan libremente tambien, cuando menos lo piense, su reporte le empezara a crear comisiones. Si, es asi de fácil; si usted decide hacerlo asi de fácil. Recuerde, no le haga saber a las personas que son ellas mismas las que se limitan en la creatividad y opciones.

Tambien, tenga cuidado en lo que les hace saber ya que esto puede limitar su creatividad y sus opciones personales.

Como...Crear los Productos de Mejor Venta, en un Instante!

Encontrando Ideas Ganadoras para un Libro Electronico.

La forma estándar de crear un libro electrónico exitoso es por medio del estudio del mercado. Trate de averiguar cuales son las frustraciones y los problemas de su mercado y trate de enfocarse en un sujeto por el cual las personas están desesperadamente buscando respuestas.

Tambien, podria simplemente preguntar a las personas que es lo que desean, si ya cuenta con una base de clientes, simplemente pregúnteles que clase de producto les interesaría y por el cual están dispuestos a pagar, entonces; cree el producto específicamente para ellos.

La mejor forma o manera de asegurar el exito de su libro electronico, es por medio de escojer un tema que provea solucion a un problema existente.

Pero, existe una mejor forma o manera!

Sere honesto....particularmente, no me gusta trabajar duro a menos que sea absolutamente necesario. No veo la conveniencia en hacerlo, asi que; si hay un atajo que se pueda usar, lo encontrare o creare uno yo mismo!

Cada vez que deseo crear un nuevo producto, simplemente veo que es lo que se esta vendiendo bien en cualquier mercado, tomo ese producto, lo

Como...Crear los Productos de Mejor Venta, en un Instante!

cambio de alguna forma o manera y PRESTO, tengo mi nuevo producto que ofrecer.

Simplemente siga a los expertos y vendedores estrellas, vea que es lo que se esta vendiendo en el Mercado de clickbank.com o en Amazon.com. Visite forums, y sitios virtuales, vea cuales son los problemas y/o quejas mas comunes y trate de ofrecer soluciones para cada uno de ellos.

Aqui le ofresco algunos recursos que podria usar para hacer una encuesta para su producto:

Copernic 2000

Este es un programa gratis que busca multiples maquinas de busqueda simultaneamente para poder encontrar lo que estas buscando:
http://www.copernic.com/

DataGrabber

Esta herramienta utilize cientos de bases de datos publicas, para encontrar informacion:
http://www.wildcowpublishing.com/datagrab.html

Deja.com

Te déjà buscar muchos grupos de usenet simultaneamente: http://deja.com

Forum One

Como...Crear los Productos de Mejor Venta, en un Instante!

Si necesitas buscar a travez de forums y sitios de mensajes, esta es tu mejor aliada:
http://forumone.com

Encyclopedia.com

Obviamente, este sitio te déjà buscar a travez de su masiva base de datos de articulos, sin cobro alguno:
http://www.encyclopedia.com/

NewsDirectory.com

Puedes ver cientos de periodicos a travez del mundo:
http://www.newsdirectory.com/news/press/

Como...Crear los Productos de Mejor Venta, en un Instante!

Estableciendo su Personalidad Unica!

Mire, el crear productos no es tan dificil, estoy seguro de que ya esta enterado de ello. Pero, si realmente desea hacer buen dinero en este negocio y establecerte como un experto respetado, Debe de Ser Unico/a!

Esto es muy importante y es necesario repetirlo varias veces.

Debe de traer un producto o servicio **unico,** o, como fue mencionado anteriormente, **un angulo o modificacion unica** a un producto existente. (Por supuesto, lo segundo es mucho mas fácil y rápido.)

Si se encuentra en un niche muy competitivo, tome ideas y productos existentes y encuentre la forma o manera de mejorarlas considerablemente.

Busque un area dentro de su niche o de su area de experiencia que necesite atencion pero que nadie se la ha prestado y concentrece en ayudar a mejorala, tambien puede ver que vacios se encuentran en ello.

Cuales son los mayores problemas y frustruaciones de los clientes que otros negocios y vendedores de mercadeo no estan ayudando?

Busque algo que es muy necesario pero que no esta siendo compensado por otros, lleve a cabo encuestas, visite los sitios de mensajes y forums, etc.

Como...Crear los Productos de Mejor Venta, en un Instante!

Podria tambien trabajar en un sub-niche, (Un niche mas pequeno dentro de un gran niche) que no esta sobrepesado de competencia, o uno que aun no ha sido presentado.

Ejemplo: cuando yo primeramente empece a trabajar en el mercadeo en linea, las leyes del correo electronico no deseado estaban empezando a aparecer y los grandes del mercadeo en red, empezaban a dejar de enviar mensajes no solicitados porque no deseaban meterse en problemas; el negocio del mercadeo en red (o en línea , como también es conocido) estaba cambiando.

Los nuevos miembros del mercadeo en red, se mantenían en espinas y caminando muy despacito en el sujeto, quizás ya habían tenido una mala experiencia por enviar correo electrónico no deseado o tenían miedo de siquiera probar el correo de mercadeo en red por miedo de ser vistos como unos "spammers" o "enviadores de correo no deseado".
Me di cuenta de que esta area necesitaba atencion, y la idea del correo electronico con permiso de envio nació.

Esta idea de mercadeo en red era la forma o manera mas fácil y barata de crear un negocio, pero; todos se encontraban miedosos de usarla, todos necesitaban una guía paso a paso de cómo conseguirlo y utilizar el mercadeo en red por medio de correo

Como...Crear los Productos de Mejor Venta, en un Instante!

electrónico permisible de la forma correcta,
utilizando los metodos de inscripción voluntaria
(Opt-In) para no meterse en problemas.

Asi que, es eso lo que utilice para escribir la
guía, y; este fue uno de los libros que me ha
ayudado a poner mi presencia en el mapa, es
asi como el libro, "*Como...Crear Los
Productos De Mejor Venta En Un Instante!*
Nacio.

Averigue que esta faltando en su Mercado y trate de
llenar ese vacio, estudie su Mercado, encuentre los
vacios, y busque la forma o manera de llenarlos.

Si piensa que no tiene la experiencia o los
conocimientos necesarios, encuentre a alguien que
los posea y utilice sus experiencias.

Ejemplo: Piense en los agentes de las celebridades
(ejm, Actores, Cantantes, Artistas) ellos no poseen
los conocimientos de Baile/Actuacion/Cancion, pero
eso no importa ya que ellos salen a buscarlos y
venden estos talentos por los que los poseen.

Una forma o manera realmente ponderosa de crear
nuevas ideas unicas es por medio de estudiar otros
negocios que no esten relacionados con su Mercado.

Si usted esta en el mercadeo en red, estudie el
mercado de bienes raíces, el mercado de plomería o
cualquier otro negocio no relacionado con el suyo.

Como...Crear los Productos de Mejor Venta, en un Instante!

Si ve de cerca , con una mente abierta; encontrara muchas ideas nuevas, unicas y creativas que podra traer a su negocio para la implementacion de las mismas y asi sorprender a su Mercado! Todos pensaran que usted es un genio creativo y un experto en su Mercado! ☺

No se detenga cuando esta tratando de pensar en ideas nuevas, unicas y greativas, Deje que su cerebro se indulge y que vuele libremente y sin obstaculos.
Piense como que si tubiera 8 anos de edad, pongase en contacto con la energía de "Nada es Imposible" que los niños poseen, esto podría ser su mas grande aliado en los negocios.

De vez en cuando tengo una idea genial, nueva, unica, inovadora y creative, pero; usualmente es simplemente las cosas que veo pasar a mi alrededor, veo que es lo que se esta vendiendo y/o aquello que ya es (O esta por) ser popular.

Uso mi creatividad para darle nuevos aspectos a ideas viejas o antiguas, o a aquellas que ya están bien cimentadas, esta es la ruta o camino mas corto hacia el éxito!

Al darles una "cara nueva" a estas ideas, s casi como inventor un nuevo y unico producto, simplemente aprenda a prestar atención, mantenga un oído en el suelo, note cual es el producto que mas espacio ocupa el los estantes de una librería o tienda de libros, visite los grupos de fórum en su mercado o

Como...Crear los Productos de Mejor Venta, en un Instante!

niche, obtenga listas de correo electrónico y/o de correo regular, etc.

En resumen, salga y mantengase en contacto con su clientele y con sus competidores (Ya sea en linea o fuera de linea o las dos formas o maneras.) Haga esto y nunca se encontrara sin ideas de las cuales escribir.

Aun asi, le recomiendo encarecidamente que le de un pequeno cambio a sus ideas y/o productos, conviertalos de alguna forma o manera en productos e ideas unicas y no lo mismo que todos los demas estan vendiendo.

Ese pequeno cambio podria ser lo que hace que su product o idea se venda bastante bien.

Aqui esta un ejemplo de mi pasado:

Cuando empece a esribir mi coleccion de libros electronicos hace un par de amos, nadie los estaba vendiendo de la misma forma que yo.

Las personas estaban vendiendo reports individuaaallles, en varios diferentes niches o sujetos, pero raramente se veia a alguien que los juntaba de la forma que yo lo hacia.

Y existia una razon por la cual nadie la estaba hacienda, era bastante difícil el poder aguparlos a todos y mantener un mismo "tema."

Como...Crear los Productos de Mejor Venta, en un Instante!

Estoy hablando de sujetos tales como: Investigaciones en Linea, Defensa Personal, Consejos de Credito, Como ganarle a las boletas de velocidad, OVNI's/ etc. Ninguno de estos productos tienen que ver uno con el otro.

Bueno, yo decidi usar el "Tema de Secretos". My mayor enfoque para venderlos (y el encabezado) fue: "Descubra los Secretos que se supone Usted no debe de Saber."

Y, en el paquete, les he revelado "los Secretos de Investigacion en Linea, Los Secretos de la Defensa Personal, los Secretos del Credito, los Secretos de los OVNI's....y asi seguidamente, de repente; todos estos productos, que regularmente no tienen nada que ver unos con otros y que se supone, no deberías de ser agrupados, trabajaron muy bien como un "Paquete."

La diferencia en este caso fue la forma en que yo "empaquete" los productos, y por supuesto el anzuelo de "Secretos" que use. Al momento que le di un "Tema" al paquete, este fue un éxito.

Pero, esta no fue una idea original, como les dije anteriormente, si ponen atencion a los mejores gurus de mercadeo en red, usted obtendra muchas buenas ideas. Pero, le di un entorno que si fue original, por lo menos para la mayoria de los compradores en linea.

Asi que, usted no tiene que ser un investigador genial para poder obtener un producto original y atractivo. Simplemente, observe lo que se esta vendiendo,

Como...Crear los Productos de Mejor Venta, en un Instante!

entonces; enfoquese en resolver problemas, en proveer soluciones, en crear algo de valor para otros, en crear algo de valor para los demás, en hacer su producto mejor de lo que ya esta en el mercado y estará muy bien y contento con los resultados.

Consejo Poderoso:

Aqui le presento otra de las mayores razones para presentar un producto unico, no solamente los clientes amaran su producto, (ya que ellos siempre estan a la expectativa de lo que es Nuevo y Caliente) pero un producto unico, le ofrecerá la oportunidad de trabajar con otros negocios en su campo/niche, interesados en trabajar con usted.

Nada puede acrecentar su negocio mas rapido que las oportunidades de sociedad con otros negocios exitosos.

Y, nada podrá atraer a oros negocios a que deseen asociarse con usted como lo puede hacer un producto único que realmente resuelve los problemas de su mercado.

Como...Crear los Productos de Mejor Venta, en un Instante!

El Proceso.

Tan pronto como tenga una idea para un libro electrónico que me excita, lo escribo. (Mantenga consigo un bolígrafo y un cojín, o una grabadora de cinta, en todo momento.)

Luego, lo transfiero a un cuaderno de bocetos de 14" por 17". Es una almohadilla de dibujo, es decir, contiene hojas de papel en blanco, sin líneas regladas.

Designo al menos una hoja para mi nueva idea. Y, entonces me vuelvo loco. El secreto que he descubierto es olvidarme de la lógica, el pensamiento lineal u organización. Sólo suéltame y vierte lo que haya dentro de ti en ese momento.

En otras palabras, mi mente suele ir en 10 direcciones diferentes cuando garabateo en la almohadilla. Un minuto estoy escribiendo una breve tabla de contenido en una sección de la página. Al minuto siguiente, estoy escribiendo un titular asesino que acaba de llegar a mí.por ese producto. Muy pronto esta gran página de 14" x 17" está llena de garabatos, notas, gemas que hice una lluvia de ideas.

Todo lo que se me ocurre (relacionado con este producto) se registra en este pad (tabla de contenidos, anuncios y tetbits de la carta de ventas, diseño de portada, formato, etc.)

Como...Crear los Productos de Mejor Venta, en un Instante!

También dejo que la idea cocine a fuego lento en la parte posterior de mi cabeza durante unos días (y noches) y cada vez que obtengo pedacitos y pedazos de perspicacia, hago una nota de todos ellos.

(Es muy importante dejar que tu mente se relaje y deambule libremente, de una manera ilimitada. Ahí es cuando algunas ideas impresionantes pueden venir a usted. Después de darle a tu cerebro una meta en la que enfocarte, duerme en la idea y deja que tu cerebro realmente vaya a trabajar en ella, sin obstáculos.)

Como...Crear los Productos de Mejor Venta, en un Instante!

El esquema de contenido y de planificación

Dado que este informe trata de crear productos rápidamente, me notarás ofreciéndote algunos atajos increíbles a lo largo de este informe que te ayudarán a obtener tu libro electrónico escrito súper rápido! Para obtener mi esquema y configuración de contenido, simplemente vuelvo al bloc de bocetos (desde arriba) y juego con él. Soy una de esas personas a las que le gusta ver todo lo que tengo delante si voy a organizarlos en cualquier orden o secuencia.

Por supuesto, no tiene que hacerse en un bloc de bocetos grande, como yo. Averigua qué método funciona mejor para ti y hazlo.

Usted puede crear fácilmente un documento en su ordenador y empezar a anotar ideas para el libro allí. Básicamente, desea tomar nota de todas las subsecciones de las que desea hablar. Luego, cuando termines de enumerar estas secciones/capítulos hacia abajo, simplemente organízalos en una secuencia/orden que tenga sentido. Ahora tienes una tabla de contenido, o al menos el primer borrador de uno.

Aquí hay una manera fácil de obtener algunas ideas sobre la creación de un esquema para su libro: sólo tiene que mirar los libros existentes sobre el tema! Siempre que sea posible, trate de usar lo que ya está ahí fuera, no tiene sentido reinventar la rueda. Ve a la biblioteca y elige un libro sobre el tema sobre el que

Como...Crear los Productos de Mejor Venta, en un Instante!

estás escribiendo y mira cómo lo tienen todo diseñado.

No estoy diciendo "copiar" palabra por palabra. Sólo tienes "ideas" sobre qué hacer. Si el libro que estás viendo tiene un buen esquema, puedes modelar fuera de eso. Si el esquema (tabla de contenidos, etc.) es difícil de seguir en ese libro, ¡puede mejorarlo al crear su libro electrónico! (Por lo tanto, obtendrá ideas sobre qué hacer y también qué no hacer mirando muestras de trabajo existentes.)

Esa debe ser la mentalidad central para usted mientras está creando sus propios productos:

Como...Crear los Productos de Mejor Venta, en un Instante!

Haga que su Producto sea Mejor que lo que ya Hay!

I can't tell you how much time to spend per day on each chapter because I don't know what your lifestyle or schedule is like. Just spend some time working on the chapters, one at a time, and pretty soon you'll have the ebook completed.

Here's what I would suggest you do each time you sit down to work on your ebook: Look at the Table of Contents you've created and **pick a subject/chapter that most interests you <u>at that time</u>**. Work on that chapter!

You'll enjoy the process a lot more if you're writing about something that excites you at that moment.

There are many other benefits to doing this as well, which I won't go into here. Let's just say that when you're excited about the subject you're writing about, your reader will feel that excitement when she *reads* your ebook. And that's always a good thing. There are too many boring writers (and books) out there. Yours won't be one of those if you use the above technique.

Como...Crear los Productos de Mejor Venta, en un Instante!

Evitando dudas, Temores y Bloqueos de Redaccion.

 Hacen que su producto sea mejor que lo que es ya hay!
I've been creating ebooks and reports for a while so I don't find myself doubting or fearing the future too much. But, that can happen from time to time, especially if you're a beginning writer.

Here's a simple remedy: do whatever it takes to **shift your focus**. That's all there is to it.
Put the project aside for an hour (or even a day) if you have to. Go watch something funny on tv. Listen to your favorite music. Read a motivational book or article, play with the kids, or just go for a walk.

It's really not as difficult as we often make it out to be. <u>Just change the track your "train of thought" is currently riding on</u>. ;-)

Doubts and negative thoughts may enter your mind occasionally. Don't fight it, just gently nudge your thoughts towards the positive and productive.

Then, go back to the project with a new, fresh attitude and perspective.

It also helps to <u>envision the end result</u> just the way you want it to be.

For example, if you'd like your book to earn you $50,000 per year, **keep seeing/visualizing that result <u>consistently</u>, as if it has <u>already</u> happened!**

Como...Crear los Productos de Mejor Venta, en un Instante!

This process will burn the "success" image into your brain and pretty soon, doubt will be a thing of the past.

Once you get excited about the end results you'll achieve, get back on the computer and start writing! ;-)

Como...Crear los Productos de Mejor Venta, en un Instante!

Composicion y Diseño Adecuados.

Again, don't make it hard on yourself, especially if this is your first ebook. Just go out there and look for the best sellers related to your subject.

Study the best ones and find out **why** they are the best. What is it about them that's appealing to **you**. Then, use those formats as *models*.

Here's an easy way to make your ebook easy to read: **suck the reader in**! Most how-to books are dry and boring, with just a list of facts and figures. Make yours entertaining too, if possible. Here's something you should always keep in mind...

"It's not the *story* that makes it a hit. It's how the story is *told*!"

See, anyone can write a book that delivers facts and figures. But few people can write a book that others would want to read.

This is why it's so important to be passionate and excited about the subject you're writing about. And, it's also why you want to write in a conversational tone instead of the rigid formal tone that most text books use.

Inject your personality into the ebook. If you have a great sense of humor, give your readers a taste of that. (Of course, you don't want to **force** or fabricate a personality. Just use what comes naturally. Don't try to be somebody you're not.)

Como...Crear los Productos de Mejor Venta, en un Instante!

Cuestiones de Precio.

How do you decide what the best selling price is for your ebook. Surprise, surprise. I just look at what's already out there.

Research is your biggest ally in this business. I look at how much the other sellers are charging for their products. I also look at the sales page to find out what they're offering in exchange for that price.

And whenever possible, I take a look at the actual products others are selling, to see how well they're done and if they are worth the asking price.

Then, there are several ways you can use that information. Here's an example…
If most people are charging $47 for the standard info on the subject, you should aim on offering:
    1) a better product/package, and

    2) a better deal/offer.

So, you can either offer the same or similar info for say $39.97… or you can keep the price at $47 but add some valuable bonuses to the package to increase the perceived value of the overall package (or provide additional useful info in your main product that other people are not offering. Make yours better, remember?)

Como...Crear los Productos de Mejor Venta, en un Instante!

Promociónando su Libro al Mundo.

If you have an existing mailing list, tell them about your new ebook first! Offer them the best deal possible – a special offer that no one else will be getting. (You've gotta treat your own list the best.)

I would also offer an affiliate program to my customers so they can promote the product to others while they earn a commission.

If you don't have your own list, the first thing you may want to do is, start sending out 'joint venture' offers to other businesses in your field. Offer them a nice-sized commission (at least 50%) and explain to them how they (*as well as their customers*) will benefit from the deal.

I would send out at least one JV letter, **per day**!

If all you do is work on striking joint ventures with other marketers and business owners, you will not need any other marketing strategy to pull in amazing profits! Joint ventures are the best thing out there for us writers and marketers -- especially online!

You can also use highly-targeted ezine ads to get customers. (Here's a twist to this technique: **instead of targeting customers, target affiliates who will help you sell the product!** This strategy can grow your business very quickly!)

Como...Crear los Productos de Mejor Venta, en un Instante!

Another strategy that can work well for you (if you don't have an existing customer list) is to write short, focused articles and submit them to targeted ezines. Articles can be a great way to get viral advertising working for you.

There are hundreds of other strategies you can use. However, the ones listed above are some of the best and most effective ones around. You should always go for 'quality' traffic verses 'quantity.'

¿Qué Hacer Cuando Usted se Sienta Atrapado?

If you get stuck or lost at any point during the product creation / marketing process, don't panic. There's an easy solution!

Just watch what the experts in your field are doing and how they're doing it. Then do the same thing.

Example: If you can't think of a great title for your ebook, look at what the experts are doing. Or, go to amazon.com and do a search for books on that subject. Read the titles/headlines and you'll get some great ideas from there.

Don't know how to create an outline for your product? Look at how the existing books are formatted.

Having a hard time creating a killer sales letter for your product? Just look at the top sellers and see how they're doing it. And model yours after the best sellers!

Como...Crear los Productos de Mejor Venta, en un Instante!

Most of the work has already been done for you. You don't have to *steal* other's work, but you can look at their stuff to get ideas… you can model after the successful ones.
And of course, **make yours better!** ☺

Another good point to keep in mind is… **your book doesn't have to be hundreds of pages long**. I tend to create short powerful reports because they are quick and easy to produce.

That's a great way to go, especially if you're a new marketer and want to get your feet wet.
Best of all, short reports allow you to spread your risk.

Listen, all of your projects will not become home runs. That's just the reality - of any business - that most of us have to accept.

So, if you invest a lot of time and energy into creating a monster ebook that turns out to be a dud, you would have lost all the time and energy you put into that project… with nothing to show for it.

On the other hand, if you had only spent *a few weeks* on creating a much shorter ebook which also turned out to be a dud, you could quickly pull that one out and replace it with another short one. Your risks are dramatically reduced and your chances of putting out a winner is increased!

Como...Crear los Productos de Mejor Venta, en un Instante!

See, it's better to create 10 little ebooks per year and have 2 of them flop (which means 8 of them are bringing in the cash!) than to only create one or two **big** ebooks in that same year and risk having them both flop. There is also a much better chance that 1 of your products will be a hot seller if you have 10 of them out there, instead of just one or two.
That has been my strategy for the past 7+ years. And it has worked very well for me. It can work well for you too.

Como...Crear los Productos de Mejor Venta, en un Instante!

Hagalo Mejor!

Most importantly, **keep testing and tracking everything you do!**

After you have the basics down, start testing everything to make it **better**.

Test your headlines to see Test your offer, packaging, benefits, pricing... test everything! Don't let anyone tell you what they "think" will work. Let your customers decide that for you.

Measure the response of everything you test to find out which is working better and producing more profits.

Don't ever stop improving on what you have.

Each little improvement you make (after testing it out) can mean substantial *additional* profits for you. It's the easiest way I know of to give yourself a raise without really doing too much extra work.

Finally, make your package <u>unique</u>, either through the offer, the packaging, or the product itself. Make yours stand out from the rest of the pack..

If you don't do that, you'll be lost among the other mediocre offers, and your customers will probably never find you.

(If you can't think of a way to make your product/offer unique, just look at how other *industries* are doing it.

Como...Crear los Productos de Mejor Venta, en un Instante!

You'll get some great ideas just by watching other businesses that are completely unrelated to your field.)

Do the above and you'll *continue* to get great results.

Speaking of being unique, if you're thinking of writing an ebook on marketing, **DON'T!**

Pick any other subject but marketing.

You'll have a much easier time selling a product outside of the 'marketing' arena. You'll also often have **much less competition** in the non-marketing niches, and a much greater profit potential.

There are many other HOT niche markets you can profit from which one pulls better.